My First 100 Ukrainian words
Ukrainian- english book for children

Мої перші 100 слів
Українсько-англійська книга для дітей

English for Ukrainians
Англійська для українців

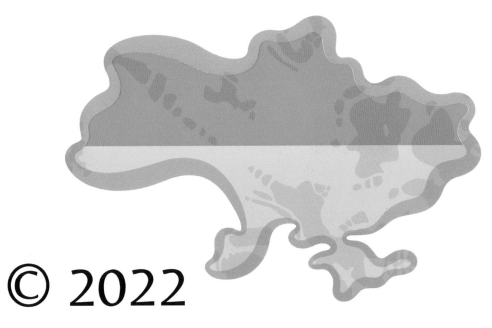

© 2022

JULIA LITOVCHENKO

Як використовувати цю книгу

Наша нова книга познайомить вас зі 100 найважливішими словами, які варто знати кожному українцю, який починає вивчати англійську. Ми додали вимову і наголос слів українською, щоб було простіше одразу зрозуміти, як вимовляються слова та фрази.

Ця книжка містить яскраві картинки та ідеально підходить для всіх початківців - дітей та дорослих. Вона - чудовий словничок для тих, хто починає вивчати англійську. Окрім того, вона підійде і для англійців, які хочуть вивчати українські слова!

Більше англійських слів і граматики ви зможете побачити у наших нових книжках, які ми будемо публікувати на Amazon під цим ім'ям. Дякуємо!

How to use this book:

With our new book, you will discover the 100 most important words, which should be known by any Ukrainian who starts learning English. We added the pronunciation and the accent, so it would be easier to understand at once how to pronounce words and phrases.

This book contains bright pictures and is perfectly suitable for all beginners, both children and adults alike. It is a great vocabulary for those who start learning English. Moreover, it will also be suitable for English people, willing to learn Ukrainian words!

You can find more English words and grammar in our new books, which we will publish on Amazon in the future under this name. Thank you!

1

Week ✚

Biik

тиждень

tyzhden'

2

Year ✚

Йір

рік

rik

2023

3

Today ✚

Тудéй

сьогодні

syogodni

4

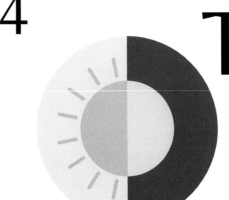

Tomorrow
Тумо́роу

завтра
zavtra

Yesterday
йе́стедей

вчора
vtchora

5

6

Calendar
ке́лендер

календар
kalendar

7

Second
сéкенд

секунда
sekunda

8

Minute
мíнит

хвилина
khvylyna

9

Hour
áуер

година
godyna

10

Clock
клок

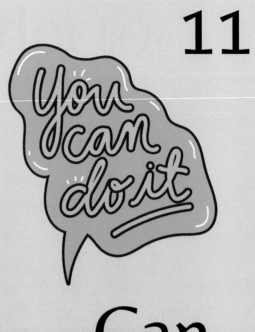

ГОДИННИК
godynnyk

11

Can
кен

МОГТИ
mogty

12

To use
ту йууз

ВИКОРИСТОВУВАТИ
vykorystovuvaty

13 To do
ту дуу

робити
robyty

14 To go
ту гоу

ЙТИ
ity

15 To come
ту кам

приходити
prykhodity

16 To laugh
ту лааф

сміятись
smiyatys'

To watch ¹⁷
ту вооч

дивитись
dyvytys'

18
далекий
dalekyi

Far
фаар

19 **Small**
смол

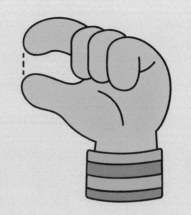

маленький
malen'kiy

Good **20**
гууд

хороший
khoroshyy

21 **Bad**
беед

поганий
poganyi

22

Close
кло́ус

близький
blizkyi

Beautiful
б'ю́тифул

красивий
krasyvyi

23

24

Ugly
а́глі

гидкий
gydkyi

Big
біг

великий
velykyi

Easy
íізі

легкий
lehkyi

Difficult
діфікалт

складний
skladnyi

Hi
хай

Привіт
pryvit

How are you?
хáу аа ю?

Як справи?
yak spravy?

Nice to meet you
найс ту мііт ю

Дуже приємно
duzhe pryyemno

31 What is your name?

уот із йоо нейм?

Як тебе звати?
yak tebe zvaty?

My name is...
май нейм із...

Мене звати ...
mene zvaty ...

32

Good morning
гууд моонин

Доброго ранку
dobrogo ranku

33

Good day
гууд дей

Доброго дня
dobrogo dnya

34 # Good evening
гууд іівнін

Доброго вечора
dobrogo vechora

Goodbye
гуудба́й

До побачення
do pobachennya

Thank you
сенк ю

Дякую!
dyakuyu

Goodnight
гуудна́йт

Добраніч
dobranich

38

Yes! йес

Так!
tak

No **39**

ноу

Ні
ni

40

Tasty!
тéйсті

Смачно!
smachno

41

Monday
мáндей

понеділок
ponedilok

Tuesday
т'ю́здей

вівторок
vivtorok

42

TUESDAY

43

Wednesday
уéнздей

середа
sereda

SUN
DAY

JAN

50

March
маач

березень
berezen'

51

April
éіпріл

квітень
kviten'

52

May
мей

травень
traven'

53

June
джуун

червень
cherven'

54

Jully
джула́й

липень
lypen'

55 *August*
о́гест

серпень
serpen'

September
септéмбер

вересень
veresen'

October
октóбер

жовтень
zhovten'

November
новéмбер

листопад
lystopad

59 December
десе́мбер

грудень
gruden'

60 Zero
зі́роу

нуль

null

61 One
уан

один

odyn

62

Two
туу

два
dva

Three
сріі

три
try

63

64

Four
фоор

чотири
chotyry

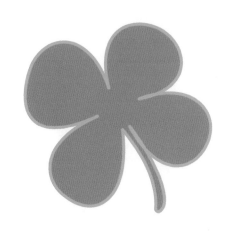

65

Five
файв

п'ять
pyat'

★ ★ ★ ★ ★

Six
сікс

66

шість
shist'

Seven
сéвен

сім
sim

67

68 Eight
éıт

вісім
visim

Nine 69
náін

дев'ять
devyat'

Ten 70
тен

десять
desyat'

71 Water

вóотер

вода _{voda}

H_2O

72

Coffee

кóофі

кава

kava

Tea

73

tii

чай _{chay}

74

Milk
мілк

молоко
moloko

75

Beer

бíер

пиво
pivo

76

Vine
вайн

вино
vino

77

Beef
біф

яловичина
yalovychyna

78

Pork
поорк

свинина
svynyna

79

Chicken
чíкен

курка
kurka

80

Lamb
лемб

ягнятина
yagnyatyna

81

Turkey
тьо́кі

індичка
indychka

82

Fish
фіш

риба
ryba

Body
бо́ді

тіло
tilo

83

Leg
лег

нога
noga

84

85

Head
хед

голова
golova

86

Chest
чест

грудна клітка
grudna klitka

87

Stomach
стómек

шлунок
shlunok

88

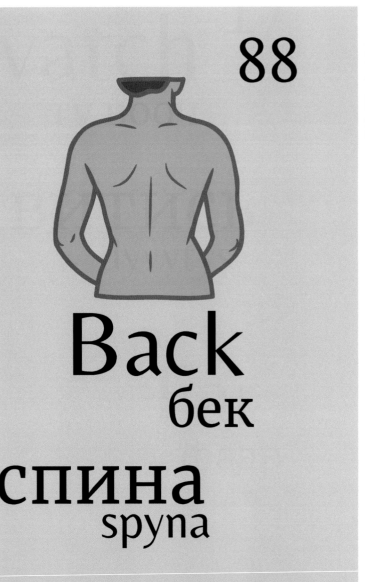

Back
бек

спина
spyna

89 Foot
фуут

ступня
stupnya

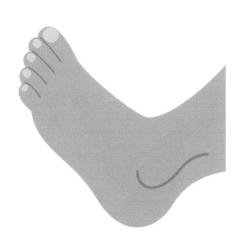

90 Hand
хенд

кисть
kyst'

91 Finger
фінгер

палець
palets'

92 Medical doctor
мédікал dóктор

лікар
likar

Nurse
ньоос

93

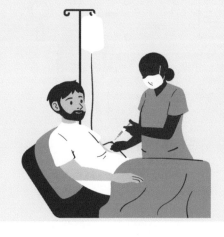

медсестра
medsestra

94 Policeman
полісмен

поліціянт
politsiyant

95

Teacher
tíічер

вчителька
vchytel'ka

96

Cook
кук

повар
povar

97

Seller
céлер

продавець
prodavets'

98 Manager
ме́неджер

менеджер
menedzher

99 Programmer
проуграммер

програміст
programist

100 Employee
імпло́йє

співробітник
spivrobitnyk

Якщо вам сподобалась ця книга, будь ласка, поставте нам 5 зірочок на Amazon. Ми - нове видавництво, і це нам дуже-дуже допоможе!

If you like our phrasebook, please give us 5 stars on Amazon. We are a new publishing house, and it would help more than you ever know!

✚ Thank you!

Дякуємо!

Dyakuyemo